AF536190

Für alle Fälle des Lebens

camino.

gemeinsam auf dem Weg

Roland Breitenbach

Für alle Fälle des Lebens

Kurzmeditationen und Gebete

camino.

Inhalt

Vorwort
Alles hat seinen Sinn

Jeder Fall des Lebens hat seinen Sinn, der etwas Besonderes, Wichtiges sagen will. Es gilt zu lernen, sich Mut zu machen, die Lebenslust nicht zu verlieren, auch deswegen gelegentlich über sich selbst zu lachen, dann wird uns jeder Fall stärken, um den nächsten zu bestehen.

Wie kommt es zu dem Wort „Fall"? *Umfallen* wäre da zu dürftig. *Der Fall* kommt von *herunterfallen*, also von oben. Wir sagen ja auch, wenn uns etwas aus den Händen fällt: „Es ist gut, dass es auf den Boden fällt und nicht nach oben". Von oben, das ist christlich gesprochen der Himmel, das Jenseits: Die Vorsehung Gottes ist es, die es in jedem Fall zu entdecken gilt. Damit wären die meisten Fälle nicht allzu gefährlich, Unfall oder Unglücksfall einmal ausgenommen. Viele Fälle überfallen einen Menschen, nicht alle können hier aufgezählt und bearbeitet werden. Denn der Glaube kann im Fall des Falles weiterhelfen, aber darauf allein sollte man sich nicht verlassen. Viele Fälle erwarten eine menschliche, keine übernatürliche Antwort, Die Fragen heißen also entweder: „Was will Gott mir durch diesen Fall sagen?“, oder „Was kann ich aus diesem Fall lernen, wo liegen meine Verantwortung und damit meine Aufgaben und meine Chancen?“

Jedes Mal sind Offenheit und Gelassenheit gefragt – Hören wollen, was der Geist des Falles sagen will.

Das Buch macht den Versuch, auf viele Fälle des Lebens eine brauchbare Antwort zu finden. Die Antworten sind letztlich offen, jeder Leser soll selbst entscheiden, was er daraus macht. Die spirituellen Überlegungen führen für den gesamten Bereich der Fälle auf eine höhere Ebene, die wir christlich gesprochen auch „Tugenden“ nennen können.

Meistens gibt es zunächst jedenfalls eine plausible Erklärung. Vor allem muss hinter die Fälle gesehen und darauf geachtet werden, was jeder und jede Einzelne selbst auf irgendeine Weise zu dem Fall beigetragen hat oder ob er ihn vielleicht sogar verursacht hat.

Unter anderem werden folgende Fälle behandelt: Beifall, Regelfall, Zufall, Glücksfall, Vorfall, Reinfall, Idealfall, Sonderfall, Todesfall, Zwischenfall usw. Die meisten werden auf spirituelle Weise mit menschlichen Tugenden zusammengebracht und so einer Lösung zugeführt.

ROLAND BREITENBACH

Selig seid ihr

1 Selig seid ihr, wenn ihr achtsam lebt, glücklich
seid ihr, wo ihr schnell vergebt. Glücklich seid ihr,
wenn ihr euch vertragt, selig seid ihr, wenn ihr
Gutes wagt. Selig seid ihr, wenn ihr ehrlich liebt.
Selig seid ihr, Liebe stets vergibt. Glücklich seid ihr,
Neues ist nicht weit, selig seid ihr, Gutes steht
bereit.

2 Glücklich seid ihr, wenn ihr Gier nicht wollt,
offen und frei eure Hilfe schenkt. Selig seid ihr,
wenn ihr trösten könnt, Stütze und Kraft eurem
Nächsten gebt. Selig seid ihr, wenn ihr Frieden
sucht, Unrecht und Hass bleiben euch dann fern.
Glücklich seid ihr, wenn ihr ohne Krieg achtsam
und gut lebt in Freud und Fried.

3 Selig seid ihr in Gerechtigkeit, glücklich seid ihr,
Herzlichkeit verbleibt. Selig seid ihr, wenn ihr
Neues wagt. Glücklich seid ihr, glaubend nicht ver-
zagt. Glücklich seid ihr, wenn ihr lachen könnt;
selig seid ihr, Bosheit ist euch fremd. Glücklich seid
ihr, wenn ihr nicht urteilt, selig seid ihr, Freundschaft steht bereit.

4 Glücklich seid ihr, wenn ihr Brot verteilt und auch Wein miteinander teilt. Glücklich seid ihr, wenn ihr Liebe schenkt, sorgsam und gut an den Nächsten denkt. Selig seid ihr, wenn Hoffnung lebt, Liebe und Glück werden dann erstrebt. Selig seid ihr, wenn der Glaube trägt, dann ist gewiss, Gott ist unser Ziel.

5 Selig seid ihr, wenn ihr einfach lebt, in eurem Tun wirklich danach strebt. Glücklich seid ihr, wenn ihr Tröster seid, mit Rat und Tat helfend steht bereit. Selig seid ihr, wenn die Trauer weicht, ein guter Weg ist damit erreicht. Glücklich seid ihr, wenn ein guter Rat, der von euch kommt, führt zur rechten Tat.

NACH MATTHÄUS 5

Im Fall des Falles

Fälle gibt es mehr als genug, nur wenige lassen sich umgehen

Viele Fälle, von A bis Z, vom Abfall bis Zufall markieren unser tägliches Leben. Manche Fälle werden erwartet, weil sie unvermeidlich erscheinen, andere fallen uns unversehens zu. Kaum einem Fall können wir uns entziehen, mögen wir noch so viele Mittel und Filter einsetzen, oder, wie oft geraten wird, mit Gelassenheit reagieren. In wenigen Fällen ist das überhaupt möglich. Den meisten Fällen müssen wir uns stellen, sie ertragen oder uns durchaus auch mit der Hilfe anderer tragen lassen. Schon deswegen ist es gut und klug, den Fall, der uns getroffen hat, zu benennen, dann weiß ein anderer – ohne lange nachzufragen –, wie er reagieren kann. Wenn wir einmal alle Fälle aufzählen wollten, die uns im Leben getroffen haben, käme eine ganze Fülle zusammen. Es bleibt die Frage, ob wir sie gemeistert haben oder ob sie uns an unsere Grenzen brachten, ob sie also letztlich gut waren oder schlecht? Und was haben wir aus diesem oder

jenem Fall gelernt, um eine Wiederholung zu vermeiden, sind wir daran gewachsen oder gewappnet daraus hervorgegangen? Haben wir Einfachheit, Gelassenheit und Weisheit als die Mittel der Bewältigung gelernt?
Einfachheit und Gerechtigkeit sind Geschwister, sie nehmen nur das an, was wirklich richtig und gut ist.

Die Lebensreise ist groß und weit,
sie endet in der Ewigkeit
und ist wie eine Wende für dich allein gedacht
als dein Lohn für das Leben.

Zukunft

Durch Jesus Christus deinen Sohn, bist du, mein Gott, die Türe zum ewigen Leben, also meine ganze Zukunft und Zuversicht. Du gehst wie der gute, sorgende Hirte dem Verlorenen nach, heilst Wunden, gibst zu essen und zu trinken. Darum brauche ich nicht lange zu bitten, bevor ich bete, ist alles schon bereitet und für mich da.

Für den Fall des Falles

Vor dem Fall war nicht immer alles gut, zudem kann das Vergangene nicht immer viel geben

Der Fall des Falles fällt einem im Laufe eines Lebens meist unerwartet zu, es gilt freundschaftlich und liebenswert damit umzugehen, um das Leben nicht unwert zu machen, sondern die Herausforderung der Fälle mit den Fragen zu nutzen, wie sie im Krankheitsfall oder beim Unfall aufkommen: „Warum gerade ich? Und warum jetzt oder auf diese Weise?“

In jedem der vielen Fälle muss vor allem auf die Gerechtigkeit geschaut werden: Alle Menschen sind gleich, das bedeutet auch, sich im Falle eines Falles an die Stelle eines anderen zu setzen, sich in ihn hineinzuversetzen. Damit sind wir schon beim Idealfall, der von Großherzigkeit gezeichnet ist: Das

bedeutet, in all unseren Überlegungen zu leben und zu lieben, aus beidem zu handeln und sich zu freuen.
Zudem ist in allen Fällen Gelassenheit angesagt, ganz im Sinne des Wortes: Loslassen, was nicht zu ändern ist, in aller Ruhe loslassen und sehen wollen, was hinter oder wer hinter dem jeweiligen Fall steht, auch, das gilt es ebenfalls zu beurteilen, was wie wichtig oder wie überholt ist, womit uns der Fall beschäftigt und wohin er uns bringen will. Wenn das Gestern vergeht, beginnt das Heute. Denn heute ist dein Tag. Gesegnet sei, was er alles bringen mag.

Im Namen Gottes,
achte gut auf diesen Tag.
Achte gut auf die Menschen,
sie sind dir anvertraut.
Jeder neue Tag ist dein Leben,
er ist ein Geschenk für dich.
Heute ist dein Tag: Sei dankbar und
freue dich über die Sonne am Morgen
und finde zur Ruhe in der Nacht.
Lass los, was dich bedrückt,
dann findest du zur Gelassenheit
und zum Leben.

Dank

Gott, jeden Tag schenkst du mir ein Wunder, das vielleicht sogar durch mich gekommen ist. Ein Wunder, das mich überrascht, beglückt und weit über das hinausgeht, was ich bin und selber tun kann. Hilf mir, dass ich solche Wunder auch durch Kleinigkeiten in meinem Leben sehen und einsehen kann. Gott, ich danke dir, dass du mich annehmen kannst, wie ich bin, das lässt mich zu mir selber sagen: Es ist gut, dass es mich gibt. Deine Güte will ich annehmen und weitergeben, damit ich ein Licht bin für alle, die wie im Dunkeln sitzen. Dann wird es hell für uns alle. Gott. Nach diesem besonderen Ereignis für mein Leben spüre ich, dass ich ganz neu anfangen muss. Und nicht alles auf meine Waagschale setzen darf. Es kann ja sonst dann leicht geschehen, dass ich die falschen Gewichte setze und Unrecht tue. Danke, dass ein Neuanfang mit dir immer möglich ist.

Fälle von A–Z

Abfall

Fallen ist weder gefährlich
noch eine Schande,
Liegenbleiben beides

Im Falle des Abfalls haben wir gelernt und müssen es lernen, dass es nicht immer das Nutzlose ist, was auf der Müllhalde zu entsorgen ist, deren Höhe oft die nahen Städte überragt. Auf alle Fälle ist aus Abfall einiges zu machen, sogar Wärme und mehr zu gewinnen, stellen wir heute fest.
Das gilt sogar für den Glaubensabfall – wenn einer aus einer nutzlosen Glaubensgemeinschaft austritt, weil ihm der Müll dort einfach zu viel ist. Er sucht sich eine Bewegung oder eine Gemeinschaft, die ihm authentische Antworten auf seine Fragen gibt. Für „müllhaltige" Gemeinschaften mag es allerdings schwierig sein, das einzusehen und sich deshalb zu renovieren, sodass in dem jeweiligen Zusammensein Wärme und Nähe spürbar und erfahrbar werden. Jeder Abfall setzt ein Zeichen, was dem Abgefallenen nicht etwa als Schuld angerechnet werden darf, sondern als das, was er ist: Eine durchaus positive Kritik und zugleich eine Chance zur Veränderung.
Das gilt heutzutage für viele christliche Ortsgemeinden und Pfarreien, wenn man den Blick auf die Teilnahme am Sonntagsgottesdienst richtet. Das Mitfeiern ist keinesfalls mehr die Regel. Mit der Liturgie allein, auch mit der einfallsreich gestalteten, ist es allerdings auch nicht mehr getan. Die Christen erwarten die Nähe, das Mitgefühl und vor allem das

soziale Engagement in entsprechenden Initiativen, die Antworten geben auf die Nöte der Menschen und die Herausforderungen unserer Zeit. Christen, wer denn, wenn nicht sie?, müssen das Unrecht in dieser Welt, die Ausbeutung der Kleinen und Schwachen vor allem in den Entwicklungsländern anprangern und mit ihren Organisationen angreifen.
Nimm dein Leben dankbar als Leihgabe an. Mit Geliehenem geht man achtsam um.

Falls du gekämpft, gelitten hast,
warte nicht ab, bleib nicht stehen.
Die Liebe weist dir den rechten Weg.
Auch bei den Abzweigungen und
der nötigen Umkehr.

Die Tage des Lebens

Gott, nicht die Tage im Leben zählen, sondern das Leben und die Liebe, die wir in unsere Tage bringen. Dazu, darum bitte ich, gehört noch die Fröhlichkeit, denn auch aus dieser Farbe ist mein Leben gemacht. So lass mich füllen diese Tage durch dein Erbarmen und deine Liebe, aus dem Licht der Ewigkeit für meine Zeit hier auf Erden. Dann fehlt mir nichts, nichts ist weggefallen, alles ist da, durch deine Liebe.

Beifall

Wer sich über Beifall freut,
sollte offenbleiben für Kritik,
dann hat er den Beifall verdient

Das kennt jeder, man sitzt im Konzertsaal oder in Theater. Die Musik kommt an ihr Ende, das Theaterstück ist an seinem Höhepunkt angekommen. Ein Teilnehmer aus der Runde oder einer Reihe rührt seine Hände und klatscht. Alle im Saal fallen in den Beifall ein. Die Musiker und die Spieler verstärken durch ihr zustimmendes Verhalten noch den Beifall, der sich dann bei manchen Gelegenheiten zum Beifallssturm entwickeln kann. Doch Beifall ist etwas, was schnell vorüber ist. Gefühle verschiedenster Art bleiben aber auf beiden Seiten zurück.
Eindeutig gesprochen, beweist der Beifall allein noch nichts, selbst dessen Wiederholung nicht. Die bessere Anerkennung kann sich im Gespräch mit den Künstlern ausdrücken; das verlangt Aufrichtigkeit, dass man alles sagt, auch Kritik übt, wo sie angebracht ist. Jede Form der Überheblichkeit käme der Unwahrheit nahe und nähme dem Beifall seinen Wert. Aber auch: Kein Beifall soll überheblich machen, das gilt auch für den privaten Bereich, wo wir ganz persönlich für unser Tun und Lassen gelobt werden oder Beifall bekommen.
Jede Übertreibung ist gefährlich, weil sie die Selbstkritik der Künstler blockiert, die für jede weitere Aufführung so wichtig ist. Bei der Kritik am Beifall sollte jede Falschheit ausgeklammert sein.

Immer ist zudem Verständnis der Außenstehenden für die Leistungen der Künstler angesagt. In jedem Beifall muss also das Verstehen und Einfühlen verborgen sein, nicht nur das Beurteilen. Beide Seiten sollen mit den Veranstaltungen zufrieden sein; im Frieden mit sich selbst nach Hause gehen können. Der Friede beflügelt und weckt erweckt den Willen zu weiteren Leistungen und Taten. Was an Ende von allem bleiben soll, ist die Dankbarkeit für das, was die Künstler geboten haben. Die gilt es auch noch bei jedem kritischen Wort aufzuzeigen. Auch die Heiterkeit soll bei allem nicht vergessen werden, der Spaß über kleine Fehler und Schwächen. Aus allem ist dann für die Künstler eine Kraft zu holen, um für neue Taten Mut und Zuversicht zu schöpfen. Und das gilt nicht nur für Künstler!

Vom Glück gibt es nie zu viel,
das ist wichtig es für sich zu schätzen,
nicht auf andere warten,
zu sich selber Ja sagen.

Bitte um Zufriedenheit

Gott, es ist kein gutes Gefühl, wenn man längere Zeit so unzufrieden ist wie ich, weil sich diese schlechte Stimmung auch auf Andere, nicht Beteiligte und Unschuldige überträgt. Immer dann schenke mir einen freien Blick auf die Natur, die mich umgibt, und die mir so vieles schenkt, ohne dass ich es verdient hätte. Frei möchte ich werden von den schweren Gedanken, dass ich mich wieder freuen und dankbar sein kann. Heute will ich mit aller Kraft, die mir geblieben ist, damit beginnen, dann, so hoffe und bitte ich, wird alles gut.

Einfall

Was mir gerade so eingefallen ist, muss nicht das Schlechteste sein

Im Traum heute Nacht wurde mir ermunternd gesagt: Mach ruhig so weiter, denn ich hatte ein schweres, noch ungelöstes Problem. Leider ist es immer noch so: Wer einfach so weitermacht, kommt schnell an seine Grenzen, nach denen es nicht mehr so weiter geht. Der Einfall kann wie eine große Versuchung sein, Fehler bewusst zu übersehen. Dieser Rat im Traum, den sich einer gerne immer wiederholt, sollte eher misstrauisch machen, zumindest nachdenklich, ob der Weg, den er geht, wirklich richtig ist – denn dann kann er wahrscheinlich nicht mehr so weitermachen. Es heißt aber auch, die Gedanken seien frei, doch alles, was wir tun oder lassen, soll nicht nur mit dem Verstand, sondern auch mit dem Herzen entschieden werden. Wichtig ist dabei, sich nicht auf das Lob eines Schmeichlers zu verlassen. Es gibt ja auch den kritischen Rat. Manchmal muss dann der Einfall beiseite gelegt werden, und das Leben wird einfacher, bleibt gelassen.

Segenswort

Mit ganzem Herzen vertrau auf den Herrn, baue nicht auf eigene Klugheit, sondern such ihn zu erkennen auf all deinen Wegen. Halte dich nicht selbst für weise, fürchte den Herrn und meide das Böse. Das ist heilsam für deine Gesundheit und erfrischt deine Glieder. (Spr, 3,5)

Ernstfall

Das Herz hilft mehr
als der Verstand, denn es kann
immer noch Gutes und
Wichtiges entdecken

Spätestens jetzt werden Humor und Gelassenheit zur Seite gelegt, es ist ernst geworden und alles eingetreten, was man schon seit langem befürchtet hat. Es zeigt sich vor allem kein Ausweg. Der Ernstfall führt im Falle eines Falles in eine Sackgasse, aus der nur das Gedächtnis herausführt. Augustinus sprach in diesem Zusammenhang von „der Gegenwart des Vergangenen“, vom Gedächtnis. das uns sagt, es war schon alles anders, alles besser. Dieses Gedächtnis hilft uns auch, uns an alles zu erinnern, was wir wirklich wollten, bevor der Ernstfall eintrat (zum Beispiel der Bruch einer Freundschaft).

Das Gedächtnis sagt uns auch, dass es eine Zukunft gibt, die kaum jemand vergessen möchte, sowenig wie die Gegenwart, die schon vor dem Ernstfall war. Es geht immer um die Zukunft und um mehr, vor allem um die Freude am gegenwärtigen Leben. Diese Freude am Leben darf nicht dem Ernstfall geopfert werden. Denn die Gegenwart war schon vor dem Ernstfall da, und alles war doch so einfach. Diese Gedanken schenken uns die Gelassenheit, die ein Teil unseres Lebens werden sollte. Auch gilt es aufzuschreiben, was wir künftig unterlassen wollen, um immer etwas Schriftliches in Händen zu haben, wenn wir bedrückt und niedergeschlagen sind. Dabei sagt uns die Gelassenheit, dass wir die

Vorfälle nicht ernster nehmen sollten als sie sind. Kein Vorfall darf uns so in Beschlag nehmen, dass wir darüber die Lebensfreude verlieren und unsere Bereitschaft in die Zukunft zu investieren. Die Gelassenheit rät uns zudem: Lassen und Zulassen: Ein neuer Tag lässt uns weiter sehen.

Dazu helfen diese Gedanken: Im Namen Gottes. Achte gut auf diesen Tag. Achte auf die Menschen, sie sind dir anvertraut. Jeder neue Tag ist dein Leben. Er ist ein Geschenk für dich.
Heute ist dein Tag. Sei dankbar und freue dich über die Sonne am Morgen. Lebe im Frieden mit dir und finde zur Ruhe in der Nacht. Sei gesegnet und werde zum Segen allen, die dir heute begegnen. Amen.

> Weitblick, nicht ständiger Rückblick
> sind gefragt.
> Über sich selbst hinausschauen,
> in neuem Vertrauen.
> Dunkelheit wird durchbrochen,
> die Liebe, das Leben stehen offen.

Das Nötige erbitten

Gott, zum Beginn dieses Tages will ich dir im Gebet sagen, was ich alles nötig habe und brauche: Neue Einsicht in das, was Frohe Botschaft genannt wird. Mut, um endlich das zu tun, was getan werden muss, gerade dann, wenn es andere nicht tun wollen. Um Ausdauer, mit mir selbst zurechtzukommen, um Geduld. Um den Entschluss, gegen das Unrecht in meiner Umgebung aufzustehen und die Wahrheit zu sagen. Auch will ich mich davor bewahren, nur große Worte zu machen und die Hände in den Schoß zu legen. Ich weiß, dass ich zu alledem deine Gnade brauche, aber gefragt ist auch mein Mittun in dem, was du mir schenken willst, wenn ich es nur annehmen will. Dann vor allem kann ich mit allen Sinnen erfahren, wer du bist, mein und unser Gott, und wer ich bin.

Extremfall

Wer Großes in seinem Leben versucht, muss immer wieder aufstehen wollen

Ein Mensch kommt an seine Grenzen, sowohl auf der körperlichen wie auf der seelischen Seite. Alleingelassen scheitert jeder Versuch, den Extremfall zu überwinden, der alle Kräfte übersteigt. Auch ein Wunder, wie man es sich wünschen möchte, kommt dann selten. Die Gegenmittel der Wahl sind in diesen Fällen Mitmenschlichkeit und eine ehrliche Hilfsbereitschaft. Beide erfordern Aufrichtigkeit und Wahrheit. Vor allem die Liebe ermöglicht diese beiden Haltungen. Dagegen wird gegen Offenheit und Ehrlichkeit durchaus mit Recht gefragt: „Soll man unheilbar Kranken, die im Extremfall in eine schwierige Lage gefallen sind, soll man Sterbenden über ihre Zukunft die Wahrheit sagen?“ Lügen wäre auch in diesen beiden Fällen verwerflich und schadet dem Lügner am meisten, vor allem durch ein schlechtes Gewissen, das in diesen Grenzfällen des Lebens nicht zur Ruhe kommt. Eine gute Antwort wäre: „Ich weiß es nicht, aber legen wir doch die Krankheit und den drohenden Tod, überhaupt diesen Fall, ganz in Gottes Hand und sagen das auch.“ Der Glaube an Gott und an den Sinn von allem verbindet sich mit der Nächstenliebe, die das Mitgefühl und die Teilnahme am Schicksal des Kranken und Sterbenden wie des ganzen Falles deutlich macht. Eine biblische Weisheit sagt: „So spricht Gott, wer an mich

glaubt, wird leben!“ Die Nächstenliebe sagt zu den Fragenden: „Ich entziehe mich dir nicht, was auch kommen mag, ich bin da, und ich bleibe dir auf alle Fälle nahe.“ Oder er spricht liebevoll dieses Gebet:“In Gottes gute Hand gebe ich dich, Gottes liebende Zuwendung umfange dich von rechts nach links. Du sollst wieder gesund werden, deine schlimme Lage soll gebessert sein, und du sollst gesegnet sein, damit du ein Segen bist für alle, dich lieben und die du gerade jetzt liebst. Alle unsere guten Gedanken und Wünsche begleiten dich. Amen.“ Das Gebet wirkt oft wie eine Heilpflanze: „Nichts ist so schön und ehrenhaft als Wahrheit, und wie es sich gehört, ein Mensch zu sein“, sagt Montaigne.
Du bist Gottes Geschöpf, also ein Teil von ihm. Mache es wie er, und alles wird gut.

Mauern und Grenzen sind da,
innezuhalten und sie dann zu überspringen,
auch die andere Seite hat was zu bieten,
man muss es nur sehen

In Depression

Guter, allerbarmender Gott. Wenn ich, wie jetzt, niedergedrückt bin wie von einer schweren, ja unerträglichen Last, dann sei du meine Hoffnung und Zuversicht, die mich aufrichtet und ermutigt. Du hast laut Bibel gesagt: „Ich bin da!“ Dieses zuversichtliche Wort gilt allen Menschen in schwieriger Lebenssituation, wenn alles dunkel ist. Lass mich vor allem jetzt deine Nähe spüren, mit jedem Atemzug. Bei jedem Atemzug, jetzt und immer, will ich dich ganz bewusst in mich aufnehmen im Glauben und Vertrauen, dass du mich nicht allein lässt und mir beistehst. Andererseits will ich bei jedem Ausatmen ganz bewusst loslassen, was mich bedrückt: Die falschen Gedanken, meine Hoffnungslosigkeit, alle Sorgen, wie es weitergehen soll. Dann fühle ich mich verstanden, so wahr du mir, mein Gott hilfst. Deswegen will ich jetzt besonders dankbar und froh sein darüber, was mir alles geschenkt wurde und noch wird. Ja, allerbarmender Gott, ich weiß mich jetzt, gesegnet, behütet und beschützt, auch zur Freude und zum Glück aller, die um mich sind. Amen.

Glücksfall

In der Regel lässt sich das Glück nicht schaffen, meist wird es überraschend geschenkt

Was gibt es Schöneres als das, worauf die fünf Glücksfinger unserer Hand hinweisen? Ein Dach überm Kopf, ein gemütlicher Wohnbereich, das tägliche Auskommen, die große Familie um den Mittagstisch. Freundliche Nachbarn jenseits des Gartens, der durch die Zusammenarbeit zu einem kleinen Paradies geworden ist. Die Klugheit weiß in allen Fällen, der Mensch bestimmt selbst, was Glück oder Unglück ist. Wir sollten uns eingestehen, dass diese Klugheit weitgehend in Vergessenheit geraten ist. Die Berechnung hat sie abgelöst. So ist es klug, auf die Gesundheit zu achten, wie es ebenfalls klug ist, zuerst nach den Folgen des Handelns zu fragen wie nach den Folgen des Unterlassens. Das Sinnen und Trachten, also ob einer mit Herz und Seele jeweils dabei ist, spielt eine große Rolle. Ohne Klugheit, verbunden mit Liebe und ihren guten Absichten, würde der Weg zur Hölle gepflastert. Das Glück wie das Unglück fällt nicht von oben herab, wäre damit völlig unvermeidlich. Das eigene Verhalten trägt wesentlich dazu bei, die Voraussetzung für Glück oder Unglück zu schaffen oder gar zu verstärken.
Auch das ist ein Glück: Wenn jedes Kind auf der Erde einen Grund zum Lachen hat, jeder Mensch auf der Erde verlässliche Freunde hat. Wenn jedes Volk auf der Erde im Frieden leben kann. Es kann

von der Liebe nie ein Zuviel geben. Dann ist diese Welt, wie Gott es will, nämlich voller Segen. Auch das lässt uns bitten: Gott, gib uns Zukunft. Zeige uns deine Möglichkeiten durch und mit uns. Schenke uns Chancen zum wahren Leben. Leite und führe uns zum Glück. Lass nicht zu, dass wir es auf dem Unglück anderer aufbauen.

Vieles wird man nicht fassen,
verstehen können.
Nehmen und Geben ist wichtig im Leben.
Auch das Loslassen gehört zum Leben.

Blick auf das Glück

Gott, du hast mir den Blick und den Ausblick gegeben, dass ich selbst mein Glück im Kopf und im Herzen habe. Ich kann innehalten, etwas loslassen, durchatmen, achtsam, sogar liebevoll sein. Ich darf die Hände in den Schoß legen, meine Seele baumeln lassen. Das alles erhält mich frisch und jung, macht mich erträglich für alle, die um mich sind. Das alles ist mein ganzes Glück, für das ich von ganzem Herzen dankbar bin.

Grenzfall

Eine Grenze ist gesichert
durch Barrieren oder Mauern

Wer an seine Grenzen kommt, sollte vorsichtig sein. Neues, Ungewohntes erwartet ihn; so wie bisher wird er nicht weiterkommen. Dagegen steht meist eher der Wille zu einer unbegrenzten Freiheit, denn es geht um das unbehinderte Menschsein. Grenzen sagen in der Regel: Stopp! Die Freiheit dagegen gibt dem Menschen die Möglichkeit, sich selbst zu erfinden und nicht sich im Wege zu stehen, keine künstliche Grenze zu errichten. Ein Vorteil kann allerdings dann sein, dass die Grenze zur Umkehr auffordert, das gilt für das ganze Leben, immer wieder, und ist nicht gerade leicht. Doch jede Umkehr lässt den Grenzfall weit hinter sich. Sie schenkt einen neuen Ausblick in die Weite, überwindet Engstirnigkeit und Selbstbezogenheit, die sonst nur behindert und einsperrt. Liebe, Freude, Frieden sind dann dafür die Geschenke.

Meine engen Grenzen
meine kurze Sicht –
wandle sie in Weite,
Herr erbarme dich.

Ein Segen für alle Fälle des Lebens

Sei behütet und beschützt.
Gott führe dich mit seinem Engel
Auf all deinen Wegen, damit du nicht fällst
und dich wieder aufrichten kannst,
um zu stehen und alles zu bestehen.
So sei gesegnet und werde selber zum Segen für alle,
die dir heute begegnen.

Härtefall

Wer Hilfe schenkt
ist bewundernswert,
selbst, wenn er fällt

„Das ist doch alles halb so schlimm!" Eine merkwürdige Behauptung, die gerade in diesem Fall oft gebraucht, wenn nicht missbraucht wird, auch um nicht beistehen oder helfen zu müssen. Es gibt schlimme Dinge im Leben: Konkurs, Arbeitslosigkeit, Ehescheidung, dazu kommt der Krankenstand oder die depressive Verstimmung. Ein von Härtefallen betroffener Mensch wird oft nur sein Problem sehen; selbst wenn es eine Lösung gäbe, kann er sie nicht erkennen. Wer immer bei den anderen mitträgt, kann Probleme und Härtefälle auflösen. Es muss also einer kommen, für den wirklich alles halb so schlimm ist, der vielleicht sogar sagt: Es hätte noch Schlimmeres kommen können. Aber nicht, um zu verharmlosen und zu vertuschen, sondern um die Härte durch Mitmenschlichkeit aufzulösen, um zu tragen und zu erleichtern.
Gott helfe uns, ohne Einschränkung vergessen zu können, was gestern alles war. Damit kann vieles mit Zuversicht zu einem guten Ende kommen. Was manchmal zu erleiden war, waren doch nur Kleinigkeiten, die ich mit seiner Hilfe getrost loslassen kann.

Kleine Meditation

Wenn du auch nur einen Funken Freude hast, steck damit andere an. Wenn du nur einen Funken Glück hast, verschenke ihn, ohne lang zu überlegen. Wenn du nur ein bisschen Verständnis hast, zeige es in aller Offenheit. Wenn du nur Mut wie ein kleines Feuer hast, lösche es nicht aus. Beweise deinen Mut auf andere Art, die sehr hilfreich sein soll. Wenn du in deinem Herzen Mitgefühl hast, leide und fühle mit den anderen. Wenn du genug in deinen Händen hast, teile es ohne jedes Bedenken. Dann geht es dir gut, sehr gut sogar, denn du bist gesegnet.

Idealfall

Wer seine Ideale zu hoch steckt, wird sie keinesfalls erreichen

In diesem Fall, vor allem wenn er unverdient ist, kommt Jubel und freudige Stimmung auf, denn da gibt es nichts auszusetzen, erst recht nicht lange zu überlegen. Rund um den Jubel sollen die anderen Menschen, vor allem die am Idealfall Beteiligten (und das sind nicht wenige), nicht vergessen werden. Schließlich ist alles eingetreten, was man sich insgeheim erhofft und gewünscht hat. Zwei Haltungen sind im Idealfall – so widersprüchlich sie auch sind – gefordert: Demut und Humor. Wer bei aller Zurückhaltung über sich selber lachen kann wie über den geschenkten und gelungenen Idealfall, hat schon gewonnen. Er spielt den nicht Überheblichen. Der Humor lässt in diesem Falle ironisch sagen: Alles ist vergeblich und vergänglich. Diese Haltung führt über die Demut zur Einfachheit, sie bringt den gesunden Menschenverstand des durch den Idealfall verwöhnten Menschen zurück auf den Boden der normalen Tatsachen. Einfachheit ist das Gegenteil von Überheblichkeit. Ohne diese Einfachheit werden die wesentlichen Dinge, die das Leben ausmachen, vom Idealfall überdeckt und nicht mehr gesehen. Dann drängen viele andere Fälle in den Vordergrund, wie Zufall oder Vorfall und Reinfall, die machen dann das Leben schwerer, als es ohnedies schon ist.

Es gibt im Leben rein gar nichts, von dem man sagen kann: Das gehört nur diesem Menschen, genau betrachtet gehört alles allen. Damit kommt auch der Idealfall an seine Grenzen. An dieser Grenze steht geschrieben: „Jedem das Seine!“ Das ist die letzte Gerechtigkeit, die der ganzen Menschheit auferlegt ist, eine Gesellschaft ohne diese Gerechtigkeit ist kaum vorstellbar. Gesetze, die für alle gelten, sind ebenso wichtig wie ein Minimum von Gleichheit aller, vor allem jener, die zusammenleben. Die Einbildung, es sei doch alles gut und richtig, nur weil es bei einem selbst weitgehend so ist, zeigt wenig Überblick. Die Einbildung besteht aus Bildern und Vorstellungen, die man sich aus Überheblichkeit macht, bevor man durch besondere Ereignisse auf den Boden der Tatsachen gebracht wird. Dann löst sich die Einbildung schnell auf. Vor allem, weil der Lebenserfahrene, Kluge und Kritische doch hinter die Bilder und Vorstellungen sehen will.

Jeder Fall will für dich ein Gewinn sein.
Alles, was durch ihn erfährst und lernst,
bringt dich zu dir selbst,
was willst du noch mehr?
Kein Fall ist zu schwer.

Bitte um Demut

Allgegenwärtiger Gott, schenke mir Demut und Humor, damit ich auch im Idealfall nicht überheblich bin. Bewahre mich vor Einbildung und zeige mir den Weg zur Gerechtigkeit.

In die Falle fallen

Das Leben hat viel mehr Fälle auf Lager, als man sich vorstellen kann

Das ist wohl einer der schwierigsten Fälle im Leben eines Menschen: in die Falle geraten. Es sind viele andere Reaktionen denkbar, vor allem Gedanken der Rache, die sich in aggressivem Verhalten zeigen. Das schadet einem allerdings mehr, als dass es entlastet. Im Gegenteil: Rache und Vergeltung werden zu einer neuen Last, die das Ereignis, in eine Falle gefallen zu sein, noch schädlicher machen. Je großzügiger einer bei diesem Vorfall ist, desto leichter kann sich Liebe entwickeln, die die Falle öffnet und eine neue Freiheit entstehen lässt. Es gilt das Wort von Nietzsche: „Was aus Liebe getan wird, geschieht immer jenseits von Gut und Böse."
Ursachen dieses Vorfalls sind oft genug die Höflichkeit oder eine angedeutete Freundschaft dessen, der die Falle gelegt hat. Da geht einer leicht in die Falle, wie die Maus an den Speck. Schnappt die Falle erst einmal zu, sind Höflichkeit und Freundschaft verschwunden. Meist zeigen sich dagegen Schadenfreude und Befriedigung wie beim Besitzer der Mausefalle. Dann soll man sich sagen: Dieser höfliche Mensch ist vor allem ichbezogen, obwohl erzogen und gebildet, handelt er wie ein Kind, das noch keine Ahnung von den Folgens einer Falle hat. Es heißt also, bei aller Höflichkeit aufzupassen und sich die Kritikfähigkeit und entsprechende Vorsicht zu bewahren. Schließlich gibt von Kindesbeinen an

Mahnungen: „Sei vorsichtig. Denn du weißt nicht, was dahintersteckt!“
Gott segne deine Aufbrüche, deinen Mut und deine Bereitschaft zum Risiko. Doch achte vor allem gut auf dich.

Achte auf deine Wege, mach lieber einen
Umweg,
dann kommst du ans Ziel,
denn das Übel geht seinen eigenen Weg.
Es ist meist nicht der Deine.

Seligpreisungen durch Jesus

Guter, weitsichtiger Gott, in den Seligpreisungen Jesu hast du mir Aufgaben anvertraut. Sie sollen mich in deinem Licht erkennen lassen, wo meine Möglichkeiten und Fähigkeiten sind. Dann kann ich zum Trost werden, Bedürftigen beistehen, Trauernde trösten, für alles, was mich umgibt achtsam sein, mich auf die Seite des Friedens stellen und alle Gewalt ablehnen.

Knall auf Fall

Knall auf Fall ist niemals eine echte Lösung

Diese Redensart geht auf die Jägersprache zurück: Büchsenknall und der Fall des getroffenen Wildes sind weniger als ein Moment, sozusagen ein Sofort! Ein Mann, so wird erzählt, habe seine Frau „Knall auf Fall“ verlassen, ohne ein Wort zu sagen. Wer wird jetzt wissen, ob das wirklich richtig war? Es gibt im Leben ein ärgerliches Festhalten um jeden Preis, es macht allerdings oft unglücklich, wenn man ohne Selbstkritik nur klammert. Dann ist einer schnell abhängig, jede Abhängigkeit kostet ein Stück des Glücks. Denn sie hält an dem Irrglauben fest, dass man ohne einen bestimmten Menschen oder eine ganz besondere Sache nicht zufrieden sein kann. Wer die frohgemute Dauer liebt und sich nicht nur zeitweise an allem erfreut, wird an Knall auf Fall nicht denken. Noch ein Bild: Wer den Duft von Blumen genießt, muss sich nicht auf den Duft einer einzelnen Blume fixieren. Die Freude an den wunderschönen Blumen, welche die Natur ohne Gegenleistung schenkt, wird bleiben, auch hier ist an ein Knall auf Fall nicht zu denken. Also in sich gehen, um sich die Erinnerung an das Ganze zu bewahren. Auch das Licht muss ununterbrochen scheinen, um seine Wirksamkeit gegen das Dunkel zu beweisen. Jedes gute Wort wird diesen unmöglichen Fall aller Fälle nicht nur für sich, sondern auch für andere, zu vermeiden suchen.

Die Krone der Weisheit ist die Gottesfurcht, sie lässt das Heil sprossen. Verständnis und weise Einsicht gießt sie aus, sie erhöht den Ruhm aller, die an ihr festhalten. Die Wurzel der Weisheit ist die Gottesfurcht, ihre Zweige sind langes Leben. (Sir 1,18)

Mit Gott verbunden – Gebet für alle Tage

Herr, erinnere mich mit jedem Atemzug daran, dass ich mich nicht sofort und zu jeder Sache und bei jeder Gelegenheit äußern muss. Befreie mich in jeder Minute vor dem Zwang, mich in die Angelegenheiten anderer, vor allem Jüngerer einzumischen. Schenke mir bei jedem Viertelstundeschlag die Gabe, rasch und offen zur Sache zu kommen. Nimm mir das Bedürfnis, zu jeder Stunde über meine Krankheiten und Beschwerden zu sprechen. Verleihe mir schon am frühen Morgen die Bereitschaft, nicht Böses mit Bösem zu vergelten. Lass nicht zu, dass mich tagsüber meine Erinnerung an eigene Fehler im Stich lässt, damit ich nicht einseitig, hart und stur werde. Bis zum Mittag möchte wenigstens einem Menschen ein gutes Wort gesagt haben. Lass mich am Abend feststellen, dass ich ein bisschen besser geworden bin, als ich gestern war. Dann kann ich in der Nacht mein Leben ganz gelassen in deine Hände legen, ruhig schlafen und im Frieden mit dir den neuen Tag voll Zuversicht erwarten.

Krankheitsfall

Wenn man auch meint,
sehr tief zu fallen – man fällt
immer in die Hand Gottes

Ich bin krankgeschrieben, das sagt wohl keiner von sich so leichthin. Hinter seiner Erkrankung kann ein aus den Fugen geratener, oft schmerzhafter Körper- und Geisteszustand stehen. Eine Heilbehandlung durch einen Arzt oder im Krankenhaus ist notwendig geworden. Trotzdem fühlt sich mancher mit den Medikamenten und dem ganzen Drumherum wie alleingelassen. Er muss in diesem Fall alles tragen und ertragen. Eine gute, oft heilsame Maßnahme könnten auch die Worte sein, die sich hier finden.

Gott ist unser Arzt. Er steht uns zur Seite und weiß, was wir nötig haben. Er gibt uns die Gelassenheit, um alles loszulassen, was uns belastet und niederdrückt, um alle Beschwerden zu überwinden. Unsere Seele achtet auf ihn und sein gutes Wort, denn alle unsere Gebrechen wird er heilen, er vergibt uns alle unsre Schuld und hat Nachsicht mit unserem Versagen und mit unseren Fehlern im Tun und Lassen. Er erfüllt unser Leben mit allem Guten und hilft, dass wir das alles sehen und einsehen können. Denn Gott ist unser Arzt, ihm will ich danken, ihn will ich preisen mein Leben lang. In großer Zuversicht und Bereitschaft wollen wir unser Leben in seine Hand geben, weil wir glauben, er kann alles gut machen.

So hoch sich der Himmel über die Erde wölbt, so groß ist seine Barmherzigkeit. Wie ein Vater zu seinen Kindern und Kindeskindern wendet er sich uns zu; er weiß, was wir nötig haben. Selbst wenn unsere Tage sind wie die Blumen des Feldes – wie es in der Heiligen Schrift heißt –, die schnell dahin sind und niemand weiß, wo sie standen und blühten. Doch Gottes Erbarmen und Liebe hören nie auf. Ewig währt seine Huld über allen, die seinen Namen anrufen und ihm vertrauen. Deswegen setzen wir unsere Hoffnung auf Gott.

So betet der Psalmist im Alten Testament: Ich bin gekrümmt und tiefgebeugt. Den ganzen Tag geh ich traurig umher. Kraftlos bin ich und wie zerschlagen, ich schreie in der Qual meines Herzens. All mein Sehnen, Herr, liegt offen vor dir, meine Klage ist dir nicht verborgen. Mein Herz klopft, mich hat die Kraft verlassen. Verschwunden ist mir das Licht der Augen. Wie es weitergehen soll, kann ich nicht sehen. Der Zusammenfall des Bösen darf nicht länger sein. Es gilt, die Schattenseiten des Lebens anzunehmen, damit es hell und zuversichtlich werden kann.

Kriegsfall

Mag eine Feindschaft noch
so klein sein, sie wird wachsen
und zur Wurzel des Krieges

Wo Hass, Feindschaft, Verbitterung und Gewalt gehegt und gepflegt werden, ist der Krieg zwischen Völkern eine direkte Folge. Er wird oft genug auch im Kleinen in den Menschen geführt, bevor er mit all seinen Gewalttaten und Schrecken über die Grenzen der Völker und Staaten hinaus beginnt. Merkwürdig daran ist, dass der Krieg vor allem Männersache ist. Dagegen stellen wir fest: keine Moral ist geschlechtsspezifisch. Doch müssen wir ebenfalls feststellen, dass Männer oft zur Gewalt erzogen werden, also sehr frühzeitig mit dem Erfolg von Gewalttaten zusammengebracht werden. Für sie kommt dann meist das Jesuswort zu spät: „Wer das Schwert zieht, kommt durch das Schwert um", wie auch sein Rat, der für alle Zeiten gilt: „Stecke dein Schwert in die Scheide!" Nach wie vor scheint das kein Rat zu sein, dem viele Männer folgen wollen. Also setzen wir die Liebe, die meist von der Mutter, also von der weiblichen Seite her kommt, als Hilfe ein. Die Liebe führt zu einem Leben der Sanftmut, der Gewaltlosigkeit. Die Mehrzahl der Blut- und Gewalttaten, das soll vor allem eine Feststellung angesichts der Statistik sein, wird von Männern verübt. Wenn man den Berichten folgen will, sind es auch vor allem Männer, die Gefallen an Krieg und Siegen finden. Dabei ist Männlichkeit weder eine Tugend noch ein Fehler oder gar ein Ver-

brechen. Wichtig als Mittel gegen „Krieg“ bleiben unter anderem die Tugenden von Sanftmut und Barmherzigkeit, die die Folgen eines Krieges nüchtern bedenken. Beide kommen ohne Gewalt, Brutalität und Grausamkeiten aus. Mehr noch, sie schenken Gelassenheit und innere Freude, führen so über die Friedfertigkeit zur Liebe und zum Frieden und damit zur dauerhaften Vermeidung eines Krieges, der keinesfalls zwangsläufig sein oder bleiben muss. Liebe ist keine Schwäche, sondern Stärke, die keinem anderen Leid zufügen will. Liebe hält sich frei von allem, was belastet und niederdrückt. So können wir vor allem dann sanftmütig sein, wenn wir unsere Schwächen zeigen dürfen. Das alles aber spielt sich nicht hinter Mauer und Stacheldraht ab, die oft genug Anlass für einen Krieg waren.
Öffne nicht nur dein Herz, vor allem deine Hand, wenn sie sich zu Faust geballt hat.

Zwei müssen sich vereinen,
gemeinsam einen Weg beschreiten,
das Miteinander zum Ich und Du
werden lassen,
Dann wird Frieden und Zufriedenheit sein.

Frieden

Gott, du liebst den Frieden auf Erden. Für mein Gebet fallen mir nur die Worte des sogenannten Friedensgebetes (von 1912) ein. Mit ihnen lässt sich auch heute noch gut beten:

Oh Herr, mache mich zu einem Werkzeug Deines Friedens. Dass ich Liebe übe, wo man mich hasst; dass ich verzeihe, wo man mich beleidigt; dass ich verbinde wo Streit ist; dass ich die Wahrheit sage, wo Irrtum herrscht; dass ich den Glauben bringe, wo Zweifel ist; dass ich Hoffnung wecke, wo Verzweiflung quält; dass ich Dein Licht anzünde, wo die Finsternis regiert; dass ich Freude bringe, wo der Kummer wohnt. Dann wird in mir und auf der ganzen Welt Friede sein.

Liebesfall

Nur die Liebe lässt uns leben

Jeder Mensch will glücklich sein, mit der Liebe kann er es werden. Wie schön ist es, einem Menschen sagen zu können: Du bist mein ganzes Glück! Dies einander ohne Bedingungen sagen zu können, ist sehr wichtig. Von Kindesbeinen an wurde uns beigebracht, unser Glück auf Forderungen zu gründen, Bedingungen zu stellen. Doch dies ist ganz wichtig: Nur die Liebe kennt kein Zuviel.
Ihr fragt nach der Liebe, die Liebe ist nicht eng und sperrt nicht ein. Sie ist groß und weit, nicht kleinlich und verschlossen, denn sie kommt nicht aus unserer Welt. Deswegen ist, was es ist, es ist Liebe.
Ihr fragt nach der Liebe, die Liebe trägt und erträgt den Geliebten, sie nimmt ihm nichts weg, lässt ihn nie allein. Sie wächst, wenn wir sie verschwenden.
Ihr fragt nach der Liebe, wer liebt, redet, denkt und fühlt anders. Sie fragt danach, was dem Geliebten gut tut und sorgt sich, wenn ihm etwas fehlt.

Unter diesen Liebesgedanken sollen alle, die das lesen, gesegnet sein, damit sie weiterhin von der Wahrheit leben, aufs Gute und Schöne im Miteinander achten und nie die Freude und die Hoffnung verlieren.

Notfall

Das Leben dankbar als eine Leihgabe annehmen und daran denken: mit Geliehenem geht man sorgfältig um.

Jeder Notfall erfordert die Vernunft. Dazu gibt es ein bekanntes Wort, das sagt: Die Not lehrt beten. Doch der Glaube an Gott wird dann nichts nützen, wenn er wie eine Wunderwaffe eingesetzt werden soll. Das macht den großen Unterschied aus zu einem, der seinen Glauben lediglich wie ein Reserverad mit sich schleppt. Jedoch im Notfall kann das Rad platt und unbrauchbar sein, so wie die falschen Hoffnungen, die man sich gemacht hat. Worin besteht das Wunder, den Notfall zu überwinden? Keinesfalls in der Feigheit, wegzusehen oder nicht wahrhaben zu wollen. Besonders in einem starken Willen, der letztlich auch als Hilfe für die Not des anderen eingesetzt werden kann. Dann kann ein Notfall zum Glück, ja sogar zum Segen werden. Solche Wunder werden immer wieder gebraucht. Aber auch die Bereitschaft aller, in Wort und Tat, einen Notfall nicht zu schaffen, auch wenn es gegen den eigenen Vorteil wäre.

> Lieber eine Kerze anzünden
> als über die Finsternis klagen
> (chinesische Weisheit)

Den Weg zum Gebet finden

Gott, manchmal kann ich einfach nicht mehr beten, weil ich mich frage, ob es Sinn macht. Heute will ich es endlich wieder einmal versuchen. Ich bin nicht mehr derselbe wie früher und kann mich selber oft nicht verstehen. Dann kommt mir der Gedanke, der mir Hoffnung schenkt: Du bist da, auch wenn ich das nicht immer spüre oder wahrhaben will. Lass mich dann erfahren, dass ich nicht verloren bin; komme, was da kommen mag, weil ich geborgen bin in deiner Liebe. Dann kann ich dir vertrauen und wieder beten.

Regelfall

Es gilt nicht nur nach
Grundsätzen zu entscheiden,
sondern für Vieles offen
zu bleiben

Vergesslichkeit und Gedankenlosigkeit können in den Regelfall führen. Man meint, die Wiederholungen seien Täuschungen, die Tatsachen blieben davon unverändert und machten den Regelfall höchst vergänglich wie die Blätter im Herbst: Das alles sei völlig neu, nimmt man an. Tritt der Regelfall einmal nicht ein, kommt dann die Überzeugung auf, die ganze Welt sei in Unordnung geraten. Depression kann sich breit machen, Eine schiefe Weltsicht entsteht, in manchen gesellschaftlichen Gruppen. In der letzten Zeit zeigt sich, dass Mitmenschen das Nichteintreten des Regelfalls mit verursachen, zum Beispiel durch Nichteinhalten der Umweltschutzbestimmungen. Aus dem Regelfall wird Normalität, wenn es nicht zur Einsicht der Erdenbewohner kommt. Sie meinen dann: alles, was wir tun und lassen, sei normal. Wenn ein Mensch nicht wie gewohnt handelt oder reagiert, hat das mit dem Regelfall wenig zu tun. Denn der Andere hat das Recht, sich zu ändern und auf neue Weise zu reagieren. Der Regelfall darf nicht zu Blockade führen unter dem Hinweis: Das hast du schon immer so und nicht anders gemacht! Du wirst dir und uns untreu. Unter solchen Einwänden gäbe es keinen Fortschritt, und – das wäre höchst bedauerlich – keine Reife.

Manch ein Fall kann uns sagen, dass uns Gott nicht mehr schicken will, als wir tragen können.

Stellt sich ein Fall gewohnheitsmäßig
in den Weg.
Dann kommt es dir vor: Er zeigt einen Weg,
wenn es vorwärts und aufwärts geht.

Gottes Geist als Licht des Lebens

Gott, dein guter hellsichtiger Geist falle meinem Leben zu. Er durchdringe mein Leben, damit ich eine Leuchte sein kann. So durchdringe mich, damit auch durch mich dein ewiges Licht viele um mich erleuchten kann. Andere werden sich dann an meinem Glauben stärken, in der Liebe wachsen, meinen guten Spuren folgen, die ich für sie hinterlassen habe.

Reinfall

Das Alltägliche darf nicht
über alles bestimmen.
Heute ist unser Tag –
nimm ihn dankbar
als Geschenk an.

Der Reinfall führt zu einer großen Enttäuschung, ja einer Feindschaft gegen alle, die am Reinfall beteiligt sind oder waren. Der eigene Anteil daran bleibt damit außer Acht (und das ist nicht so selten). Es entsteht eine Art Kleinkrieg, Jetzt ist Trauerarbeit gefragt, mit all den Fragen: „Warum gerade ich, warum so und auf diese unangenehme und gemeine Art?“ In nicht wenigen Fällen gibt es durchaus eine Mitverantwortung am Reinfall: Wer sich an den äußersten Rand eines Abgrundes stellt, soll sich nicht wundern, wenn er hinunterfällt. Meist ist der Reinfall mit einem Schadensfall verbunden. Diese Verbindung führt zum Unfrieden und in besonderen Situationen zwischen zwei Völkern zum Krieg. Die Lösung liegt jeweils in einer großzügigen Entschädigung nach entsprechenden Gesprächen. Dann stellt sich das Problem der Gewaltlosigkeit gegen alle, die am Reinfall beteiligt waren nicht. Wer gibt schon den Reingefallenen das Recht zu stören oder gar zu zerstören?
Zum Reinfall wie zum Schadensfall gehört, das sei ganz unverblümt gesagt, die Schadenfreude als unwillkommener Begleiter. Als Mittel gegen die Schadenfreude gibt es die Ehrlichkeit des Unverschuldeten: „Ich bin zwar sehr verärgert und ich weiß, dass ich nicht böse reagieren darf – und ich werde es auch nicht.“ Für einen solchen wichtigen

und befreienden Schritt steht die Nächstenliebe zur Verfügung, sie hilft, sich jeweils für das Richtige zu entscheiden. Dann kommt zur Nächstenliebe die Dankbarkeit, das Leben zu haben, wie es gerade ist. Sie schließt jede Falschheit aus, auch weil sie diesem Leben schadet. So ist die Dankbarkeit auch nicht bereit, andere in eine Falle zu locken, auch wenn der Rachegedanke dies nahelegen will. Auch hier würde das wahre Leben gehindert, verändert, gar entwertet.

Wer immer nur den Himmel sieht
und auf ihn achtet,
wird enttäuscht,
weil er das Nächstliegende vergisst.

Erwartung Gottes

Gott, du erwartest von mir mehr als Duldung und Toleranz. Du willst, dass ich den Nächsten annehme, so wie er ist. Daher schenke mir deine Großzügigkeit, damit ich Verbindung schaffe, wo nur Trennung vorhanden ist. Desweiteren möchte ich durch mein Sosein möglichst vielen Menschen gegenüber Weite zeigen; Bestärkung, wo nur Enge und Ängste vorhanden sind. Meine Gerechtigkeit durch Barmherzigkeit soll das Sagen haben.

Spezialfall

Was für einen etwas Besonderes ist, kann für einen anderen sehr gewöhnlich sein

„Das ist etwas ganz Spezielles" – es kommt auf einen Menschen zu oder beschreibt einen Menschen, der aus der Regel fällt. Die Gefahr ist bei ihm groß, dass durch das Besondere an ihm das Alltägliche, das Gewöhnliche, zur Regel wird. Der Spezialfall: Er ist halt so und kann nicht anders: In dieser Situation ist es gut, folgenden Text zu meditieren: Im Namen Gottes, achte gut auf diesen Tag. Achte gut auf die Menschen, sie sind dir anvertraut. Jeder neue Tag ist dein Leben. Er ist ein Geschenk für dich. Heute ist dein Tag. Sei dankbar und freue dich über die Sonne am Morgen und den Regen in der Nacht. Lebe im Frieden mit dir und finde zur Ruhe in der Nacht. Sei gesegnet und werde zum Segen allen, die dir heute begegnen.

Wer sich durch die Texte und Fälle durchgearbeitet hat, erkennt sehr schnell, dass dadurch in jeden Fall zu einem zeitgemäßen Leben ermutigt wird. Das gelingt immer dann, wenn Tugenden ins Spiel kommen, das liest sich jetzt ein wenig frömmlerisch. Aber Tugend kommt von taugen, die Tugenden zeigen einen Weg, der taugt. Zu den Tugenden, die im Spezialfall helfen können, gehören: Treue, Klugheit, Mut, Gerechtigkeit, Barmherzigkeit, Mitleid, Ehrlichkeit, Toleranz, Liebe und noch manche andere. Bei allen Tugenden kommt die Moral ins Spiel, also das Gute tun und zulassen.

Nicht nur das unterscheidet den Menschen vom Tier. Eine Tugend, das sei hier unterstrichen, macht den Menschen menschlich und es erfüllt sich das geflügelte Wort eines Bischofs: „Mach's wie Gott, werde Mensch!" Wo wir menschlich sind und handeln, haben die meisten Tugenden ihren Platz. Ohne die Tugenden kommt das Menschsein an seine Grenzen und die Fälle des Lebens müssen unüberwindlich erscheinen. Tugenden geben menschliche Kraft, ohne die ein moralisches Leben kaum zu führen wäre. Deswegen auch tauchen sie in den Fällen auf, die das Leben des Menschen ausmachen.

Mag ein Fall dein Denken sprengen,
dann bist du befreit und nicht mehr eingeengt.
Diese Freiheit sagt Du zu deinem Ich.

Gott als besonderer Fall

Gütiger Gott! Ich möchte an nichts anderes denken als an dich, nichts anderes wollen, als einig mit deinem Willen zu sein. Daher warte ich auf dich, ich will mein Herz öffnen, damit es ganz offen ist für dich. Das Herz wird mir dann sehr einfühlsam sagen, was richtig ist und gut. Höre auf meine Bitten und Gedanken, denn zu meinem Herzen gehört auch der Verstand, er soll zusammen mit dem Heiligen Geist mit mir und für mich beten.

Störfall

Der größte Ruhm ist es nicht, niemals zu fallen, sondern jedes Mal wieder aufzustehen

Es mag klug sein, wenn einer deutlich sagt: Ich lasse mich jetzt nicht stören. Jeder Störfall kann ein Signal sein, das sagt: Vorsicht! Es ist nicht alles in Ordnung, nicht nur, weil eine Zuleitung verstopft ist, sondern auch, weil die ganze Umgebung sich als höchst gestört ansieht. Es sind meist nur Kleinigkeiten, die uns durcheinander-, manchmal sogar auseinander bringen können. Was ist eigentlich so falsch daran, zuzugeben, dass man sich aufregt, weil etwas in der Planung oder im Zusammensein schief gelaufen ist? Das sind doch recht langweilige Typen – hoffentlich gehören wir nicht dazu –, die sich über nichts mehr aufregen können. Eine Störung oder eine Aufregung wird einiges durcheinanderbringen, es aber dann zu einer neuen Ordnung führen. Manche Störungen erfordern eine Pause auch zum Überlegen – und schon ist wieder die Ruhe eingekehrt. Allerdings gibt es in unserer Welt und Zeit Gründe genug, sich aufzuregen, wer kann denn etwas daran ändern?

Kleine Meditation

Warum das Dunkle und Schwere, fragte ich den Engel an meiner Seite. Doch er antwortete nicht. Wozu die Leiden und all dieses Beschwerden? Doch mein Engel antwortete nicht. Gibt es überhaupt einen Sinn für das, was so unmenschlich ist, muss ich erst in den Himmel, wo du doch sonst immer bist? Wieder sein Schweigen. Er zeigte auf die brennende Kerze auf meinem Schreibtisch und meinte: Tausende von Kerzen kann man am Licht einer einzigen Kerze anzünden, ohne dass ihr Licht schwächer wird und sie ganz aufgibt. Die Freude, das Glück nehmen nicht ab, wenn wir sie teilen. Das gilt dann auch für dich!

Todesfall

Der Todesfall weckt die Trauer;
doch wo keine Trauer,
dort keine Liebe

Kein Fall trifft uns so überwältigend, weil unwiderruflich, wie der Todesfall. Er greift direkt den Kern unseres Lebens an. Da ist ein lieber Mensch für immer weggegangen in eine andere Welt, wie es heißt, die dem Verlassenen allerdings nicht offensteht. Der Todesfall zwingt in die Trauer, dabei wird in der Regel vor allem betrauert, was geliebt wurde. Der Verlust wird betrauert wie die Liebe, die uns künftig entgeht. Die verlorene Liebe lehrt dennoch ein Dreifaches: Glaube, Hoffnung, Nächstenliebe. Es sind immer noch Menschen da, im Todesfall bemerken wir das besonders: da sind Menschen, die man lieben kann, wenn über die Trauer hinweggeblickt wird. Warum in dieser Situation nicht einmal eine Kerze entzünden und der Flamme ruhig zusehen, dann vielleicht einen Zettel zur Hand nehmen und alles aufschreiben, was einen leidvoll bewegt? Dann, mit der nötigen Vorsicht, das Papier mit dem Aufgeschriebenen an der Kerze zum Brennen bringen und in einem Tontopf einäschern. Manches, ja vieles lässt sich durch ein solches Zeremoniell auflösen.
Zur Liebe kommt der Glaube an Gott, der die Liebe ist, der uns die Hoffnung auf ein Leben nach dem Leben schenkt und die Erwartung auf ein Wiedersehen. Dessen muss man trotz allem gewiss sein: Dass im Todesfall nichts bleibt, wenn es Gott nicht

gibt. Weil wir Gott nicht beweisen können, hilft uns der Glaube, offen zu bleiben für die besondere Welt, die uns einmal geschenkt werden soll. Schritte in diese Richtung sind Vergebung und Dankbarkeit: Vergebung, die mit allem versöhnen will, was noch immer vom Verlorenen bleibt. Wahrheit und Ehrlichkeit sind dabei gefragt, die nicht durch die Trauer unbeachtet bleiben dürfen. Bleibt noch die Dankbarkeit, die vielfältige Erinnerungen weckt, die weit über den Todesfall lebendig bleiben sollen; Dankbarkeit als Freude über das Gewesene. Sie unterstützt die Trauerarbeit und es kann wieder Liebe aufkommen als Ermutigung, trotz allem auf das Leben zu sehen, gut zu handeln und sich selbst noch über Kleinigkeiten zu freuen. Was bleibt? Der Todesfall ist der Ernstfall des Lebens, er bringt uns an die eigene Grenzen und weckt in uns viele Fragen, die kaum anders beantwortet werden können als durch den Glauben an eine Auferstehung zum Leben in einer anderen Welt.

Wenn die Nacht begonnen hat,
zeigt sich ein neues, ein anderes Licht –
dafür Herz und Augen aufmachen,
der Blick wird hell und klar.

Für einen Verstorbenen

Geh mit Gott der Auferstehung entgegen. Geh durch das Tor des Todes, das Leben heißt, denn der Tod hat nicht das letzte Wort. Möge der letzte Weg dir leicht sein, auch im Blick auf das, was du getragen und ertragen hast, aber mit Dankbarkeit dafür, was dir das Leben alles geschenkt hat, was du aus Liebe getan und gelassen hast. Wir empfehlen dich der Güte Gottes. Ihm vertrauen wir dich an. Wir lassen dich los, damit er dich an der Hand nehmen kann. In Gottes Hand lassen wir dich los, dort bist du geborgen für immer. Wir lassen dich in großer Traurigkeit los, denn wir haben dich lieb. Doch weil wir dich lieben, denken wir nicht an uns. Wir beten und sagen: Vater, in deine Hände legen wir dieses Leben. Und wir bitten, das Gute deines Lebens soll dich begleiten. Du sollst finden, was du schon immer gesucht hast: Liebe, Freude, Frieden und Glück werden dich begrüßen. So segnen wir dich zum Abschied aus unserer Welt, aber wir bewahren dich in unserem Herzen!

Unfall

Wenn ein Unfall an die Grenzen
des Lebens führt,
dann sei dankbar für alles,
was du überstanden hast

Der Autor schreibt diese Zeilen mit elementarer Betroffenheit, denn ihn selber hat vor Jahresfrist ein schwerer Unfall getroffen, der ihn mehrfach an den Rand des Lebens brachte. Bei aller Betroffenheit sind zwei Dinge geblieben: Einmal der unbeschreibliche Genesungsprozess von Krankenhaus zu Krankenhaus, von einer Klinik zur nächsten. Dann die tiefe Dankbarkeit für alle Freunde, die diesen Prozess unermüdlich und selbstlos begleitet haben. Nie haben sie den Unglücklichen allein gelassen, sondern ihm in Wort und Tat zu Zuversicht und zu neuem Lebensmut geholfen. Das ist genau das, was der Unglückliche brauchte – Ermutigung, denn sonst bleiben die nicht beantwortbaren Fragen im Vordergrund: „Warum gerade ich?", "Warum so schwer und folgenreich?" Im offenen Gespräch klärt sich vieles, auch wenn es keine direkten Antworten gibt: Zudem gibt es den Hinweis, dass es andere Menschen noch viel schwerer getroffen hat, die auch bestehen müssen; manchmal ohne die Hilfe von Freunden.
Ein Unfall gehört zu den schwerwiegenden, folgereichen Fällen: Es geht in der Regel um Leib und Leben, wie beim Schadensfall und noch weit schlimmer im Kriegsfall um Hab und Gut. Jetzt ist Mitleid gefragt, das steht nicht gerade hoch im Kurs, auch weil sich einer nicht gerne bemitleiden

lässt. Mitleid zu empfinden bedeutet mit jemandem, dem man nahe steht, zu leiden. Das ist in jedem Fall belastend und damit schlecht. Mitleid soll immer etwas Gutes sein, Mitleid, so die griechische Wortwurzel, hat mit Sympathie zu tun. Mit jemandem zu leiden ist eine Seltenheit, keine Eigenschaft ist so anziehend wie die Sympathie, kein Einfall für beide Seiten so anziehend – und auf jeden Fall angenehmer als das Mitgefühl. Die Sympathie hängt stark am jeweiligen Menschen, so wird ein niederträchtiger Mensch kaum sympathisch sein, mag er seine Sympathie noch so sehr beteuern. Sympathie ist eine Tugend, sie verhindert, etwas Schlechtes als angenehm zu empfinden. Denn sie ist die emotionale Anteilnahme an den Gefühlen eines anderen, vor allem auch an den negativen, die einer nach einem Unfall vermutlich hat. Das bloße Mitfühlen ist unmöglich, wenn einer beispielsweise von Hass und Grausamkeit erfüllt ist. Es geht immer um ein Mitfühlen mit einer Trauer, um die Anteilnahme am Leid und am Schaden, die durch den Unfall ausgelöst wurden. Wer mit dem anderen Leid und Verzweiflung teilt, sagt nicht, dass er es gut findet. Jesus Christus empfindet Mitgefühl nicht nur mit seinen Peinigern, sondern auch noch mit einem Verbrecher, der das gleiche Schicksal zu erleiden hat wie er. Der

Buddha kann sogar Mitgefühl mit Bösen und Verbrechern empfinden. Die Beispiele reichen vielleicht über unsere Auffassung und unsere Bereitschaft hinaus, also halten wir fest: Mitleid ist das Gegenteil von Egoismus, der in vielen Fällen einfach wegsieht. Jeder Mitleidende muss sich also fragen lassen, was er ganz persönlich gegen das Leid und die Ungerechtigkeit, gegen die fatale Bereicherungssucht einiger weniger in unserer Gesellschaft und in der Welt tut. Es ist immer besser, im Einsatz gegen die Ungerechtigkeit den dadurch Betroffenen zu helfen, als lediglich ihr Elend zu beklagen. Taten sind immer besser als Mitleid, das oft genug nur aus Worten besteht.
Es gilt, auch für die Hilflosen einzustehen, damit wir unbeschadet auf unserem Weg gehen, auch bei unseren kleinen Schritten.

> Manchmal wird sogar ein Unfall dir Flügel
> geben.
> Ein anderes neues Leben beginnt,
> es kann dich segnen, damit du ein Segen bist

Einsicht

Barmherziger Gott, es hat mich bitterhart getroffen, sodass ich fragen muss: Wie soll es denn jetzt weitergehen? Gib mir die Kraft, den Mut, die Einsicht, um alles zu tun, was notwendig ist. Mit jeder schrittweisen Besserung will ich lernen und einsehen, dass es mit mir zu einem guten Ende kommen wird. Ich will nicht meinen Zustand beklagen, der nicht so einfach zu ändern ist. Lieber will ich dafür danken, was mir in meinem Leben schon geschenkt wurde, was ich vielleicht übersehen habe. Lass mich, so bitte ich, nicht am tragischen Geschehen hängenbleiben, sondern lenke meine Gedanken und meine möglichen Schritte, sodass ich wieder vom Glück reden kann.

Unglücksfall

Wer Glück im Unglück hat,
denkt an bessere Zeiten

Wenn ein Unglück einen Menschen getroffen hat, denkt er oft, er sei der einzige – und übersieht die Not der anderen. Schnell wird er sich auf die Suche nach der Quelle des Glücks machen. Er wird nicht selten einem begegnen, der so unglücklich ist wie er selbst. Doch hört er, dass bei dem nichts mehr zu ändern ist, weil er schwer krank und dem Tode nahe ist. Er gibt den Rat, der oft zu hören ist: Nicht am eigenen Unglück festzuhalten, sondern jeden Tag einen Mitmenschen ein wenig glücklicher zu machen, auch wenn man selbst dieser Mensch ist. In einem tragischen Fall Gott für alles zu danken, was einen einmal erfreut und glücklich gemacht hatte: Dann wird sich das Unglück auflösen. Die Dankbarkeit hat ihre Wirkung und bringt Gelassenheit.

Gebet

Das eine erbitte dir, spricht offenbar der Heilige Geist in mir: Eine Handvoll Menschen an deiner Seite, die so denken und handeln wie du. Dann werdet ihr gemeinsam das Elend überwinden: Dazu: in deinem Kopf Klarheit, den Beinen festen Halt. Der Versuchung zur Verzweiflung widerstehen, sogar das Unmögliche möglich machen. Dann könnte es sogar gelingen, das Unglück zum Glück zu machen. So steht in der Heiligen Schrift; Meide alles Böse, das ist heilsam für deine Gesundheit und dein Glück.

Vorfall

Fallweise meint nicht,
dass alles zufällig ist, es könnte
eine Weisheit verborgen sein

Es gibt genügend Vorfälle im Leben eines Menschen, die sich zu einem hohen Berg und entsprechend schwerer Belastung aufhäufen können. Daraus kann Feindschaft und Hass entstehen, wenn die Vorfälle bestimmten Menschen in die Schuhe geschoben werden müssen. Es ist dann schwer, solche Vorfälle zu vergessen, wenn Nachsicht oder Vergebung ausgeklammert werden. Zur Vergebung gehört die Barmherzigkeit, sie kommt, wie ihr Name sagt, aus dem Inneren, aus dem Bauch, also aus dem Fühlen. Auf dem Weg der Barmherzigkeit, die einem auch selber hilft, werden Feindschaft und aufkommender Hass besiegt. Man tut also mit dem allseitigen Erbarmen auch ein gutes Werk für sich selbst wie für alle, mit denen man Tag für Tag zu tun hat, und schont dazu seine Nerven. Aus der mitfühlenden Barmherzigkeit entsteht die Freiheit, die aufrichtet, gelassen macht, und künftigen Vorfällen mutig ins Auge blicken lässt, wie immer sie auch sein mögen. Weil Gott nichts unmöglich ist, kann es dir mit seiner Hilfe gelingen, dass das Unmögliche möglich wird.

Manch ein Vorfall gibt zu bedenken,
sich selber zu befragen.
Die Wahrheit macht frei.
Das Herz kann zeigen,
was dem Verstand noch verborgen ist.

Gebet: Wahrheit macht frei

Gott, die Fälle meines Lebens sollen mich durchdringen und entsprechend zum Besseren verändern. Dann glaube und bekenne ich, dass Jesus Christus deine Wahrheit für mich ist. Sie macht mich frei und um mich wird Zufriedenheit und Frieden sein.

Wasserfall

Ein Pragmatiker entscheidet vieles nicht nach Grundsätzen, sondern fallweise

Wer am Fall eines großen Flusses steht, bedenkt, was das an sich weiche Wasser alles leisten kann: nicht nur bewässern, sondern auch elektrischen Strom herstellen. Das alles schafft das Wasser mit seiner Kraft. Doch ist diese Gewalt wirklich alles? Ganz anders als beim Wasserfall ist die Rache eine höchst gefährliche Gewalt. Sie nimmt die Luft zum Atmen weg, macht den Menschen krank, verpestet das Lebensklima. Leider kann da der Wasserfall nicht weiterhelfen, so schön er auch anzusehen ist; er löst sich manchmal auf, um dann gekräftigt wiederzukommen. Ein wunderbares Zeichen gegen alle Gewalt. Es soll ja Menschen geben, denen die Rache ganz tief im Herzen sitzt. Auch denen könnte der Wasserfall etwas sagen, der sich fließend gegen Felsen und Verhärtungen durchsetzt. Ein Gang durch die Natur könnte allen betroffenen Menschen helfen, weil sie Verhärtungen verschwinden lässt. Denn die Natur zeigt, dass sie trotz aller Größe und Schönheit sich verschenkt, ohne sich dadurch zu verlieren.

Der HERR ist mein Hirt, nichts wird mir fehlen.
Er lässt mich lagern auf grünen Auen
und führt mich zum Ruheplatz am Wasser.
Meine Lebenskraft bringt er zurück.
(Aus Psalm 23)

Zerfall

Der Baum nährt das Blatt,
bis es zum Boden fällt,
dann ernährt das Blatt
den Baum

Tag für Tag bin ich an dem Bauernhaus vorbei gekommen, das von Dachziegeln bis zur umgebenden Steinmauer dem Zerfall ausgesetzt war. Die Zeit zeigte ihre Auswirkungen. Ich bemerkte einen jungen Mann, der mit der Renovierung beschäftigt war und kam mit ihm ins Gespräch. Ich bewunderte seine Tätigkeit und er bemerkte: „Es ist das Haus meiner Großeltern, denen ich viel zu verdanken habe. Aber es gehört viel Liebe dazu, es wieder bewohnbar zu machen.“ Auch der Mensch ist durch Alter und Krankheit dem Zerfall, besser dem Verfall, ausgesetzt. Da gehört auch viel Liebe und Zeit dazu, ihn in diesem Fall zu begleiten. Ein Stück weit kann die Erinnerung an bessere Zeiten weitertragen, das gilt nicht nur für das Bauernhaus! Die Begleitung eines „verfallenden“ Menschen wird oft darin bestehen, von den vergangenen Zeiten zu erzählen oder sich erzählen zu lassen. Der Verfallende kann sich oft genug nicht so annehmen, wie er ist. Freunde müssen ihm helfen, sich zu beachten; er verachtet zwar nicht seinen Zustand, er lobt sich aber auch nicht. Das möglichst Einfache ist jetzt der Weg, Stück für Stück, wie bei der Renovierung eines zerrfallenden Hauses nicht alles auf einmal in einen guten Zustand gebracht werden kann. Der menschliche Verfall ist durch Medikamente oder Therapie kaum aufzuhalten. Das Bewusstsein ist im Verfall mit eingeschlossen, wieder ist hier Einfachheit gefragt. Der einfache Mensch tut sich in seinem Verfall leichter. Er muss sich nichts mehr vormachen, es ist einfach, wie es ist. Alles Komplizierte ist deswegen auszuschließen. Besser ist auch, sich über die einfachsten Fortschritte zu freuen und das auch auszusprechen. Also miteinander zu reden und zu lachen, solange es geht. Immer daran denken: das zerfallende Bauernhaus muss nicht gleich abgerissen werden, und auch für den Menschen gibt es die Möglichkeit, zum ganzen Menschsein zurückzufinden.

Es gilt den Weg der Liebe zu finden,
zu kämpfen, zu zweifeln, zu leiden.
Wer so in den Tod geht,
wird in Liebe auferstehen.

Kleine Meditation

In der Not gesegnet sein: Beschenkt mit langem Atem in dieser kurzen Lebenszeit. Wenn alle rennen und viele drängen, zur Ruhe finden, selbst wenn uns Nöte, Sorgen umgeben, um den Weg nach innen gehen zu können. Die Gedanken auf das zu richten, was als nötig und erlösend erscheint. In der

Geduld zu wachsen, in Gelassenheit zu reifen, um immer bei sich selbst zu sein. Allen in ihrer Not diese Möglichkeiten zu zeigen. Selbst noch in ihrer Lage kann daraus ein Segen werden.

Zufall

Jeder Zufall rät:
Nimm an, was dir zufällt
und mach es gut

Da machen sich zwei aus unterschiedlichen Gründen auf den Weg und treffen aufeinander. Sie nennen es Zufall. Aber der führt unter Umständen zu einem neuen Verhältnis, wenn sie den Zufall als eine Fügung betrachten. Das gilt auch für Gruppen. Nicht selten in der Geschichte wurde ein ungeplantes Zusammenkommen Anlass zur Verständigung, hat Gewalt und Krieg verhindert, vielleicht sogar zum Frieden geführt. Der Gedanke an die Fügung Gottes liegt nahe. Immer aber liegt das Verhalten von Menschen zu Grunde und sollte nicht überbewertet werden, auch wenn das Ergebnis menschenfreundlich ausgegangen ist. Zufälle dieser Art gibt es zum Glück viele. Manchmal können sie sogar zum Glücksfall werden. Damit ist offen, was uns alles noch in der nächsten Zeit zufällt und wie wir dazu stehen sollen.

Jeder Fall hat einen ganz besonderen Ton.
Ihn zum Erklingen bringen
auf die ungewöhnliche Melodie hören
Für den Tag erfreut, beschwingt sein.
Sich vom ständigen Bedenken verschonen.

Gabe und Aufgabe

Liebender Gott, du hast mir deine Liebe in das Herz, in den Kopf und die Hand gegeben. Lass mich mit diesen drei Möglichkeiten in mir diese Liebe auf jeden Fall an alle Menschen weitergeben. Dann wird deine Liebe durch mich Früchte tragen und als Geschenk zu mir zurückkommen.

Zwischenfall

Jedes Dazwischen hat
einen Anfang und ein Ende,
aber es erfordert Geduld.

Buchstäblich fällt etwas dazwischen: Eine Verstimmung zwischen zwei Freunden, die von sich gesagt hatten: unsere Gemeinschaft ist so stark, dass nicht einmal ein Blatt Papier dazwischen passt!
Ein Heilmittel gegen alle Zwischenfälle, ob wir selbst der Anlass dafür sind oder andere, ist die Gerechtigkeit, sie darf nie zur Beurteilung eines unberechenbaren Zwischenfalles außer Acht gelassen werden; wo das nicht beachtet wird, entwickelt der Zwischenfall seine spalterische Kraft. Nach einem Zwischenfall, der uns vielleicht sogar eine lange benötigte Pause beschert, uns durchatmen lässt, muss es weitergehen. Die Gerechtigkeit sorgt dafür, dass jeder und alles wieder seinen Platz bekommt. Dazu ist immer das Zusammenwirken erforderlich. Es kann allerdings auch sein, dass der Zwischenfall sich zwischen andere Fälle zwängt, dann will er uns nachdenklich machen, denn er hat uns was zu sagen; vor allem, dass wir Fälle nicht einfach hinnehmen sollen, sondern uns klar machen, dass sie von gestern sind und nicht auf Dauer für das Jetzt und Heute bestimmen dürfen.

Eine Geige erklingt nur dann,
wenn sprechende Hände sie berühren.
So ist es mit der Seele,
in ihr geht kein Ton verloren,
der die richtige Richtung weist.

Gott ist da!

Gott, Deine Güte und Nähe lassen es nicht zu, dass etwas dazwischen kommt. Auch deswegen will und werde ich durch meine Ungerechtigkeit und Bosheit keine Mauer bauen, die mich von dir trennt. Doch du bist zum Glück immer für mich ganz da, wenn ich mich in deine Hand und deine Fürsorge gebe. Dafür kann ich von Herzen danken, denn ich weiß mich begleitet, behütet und beschützt und von deinem Segen umgeben. Nichts soll uns künftig trennen, was ich tun kann, will ich tun oder auch lassen, denn ich weiß, Du bist immer für mich da.

Zusammenfall

Jetzt wächst zusammen, was zusammengehört

Es ist hier nicht an den Zusammenbruch eines Gebäudes zu denken. Zwei, die sich aus der Ferne schon lange liebten, sind völlig ungeplant einander zusammengefallen. Und schon ist ein weiterer Liebesfall entstanden. In unserer Welt gehören sehr oft zwei eng zusammen. Es ist gut, dass es diesen besonderen Zusammenfall gibt. Aus dem Dunkel wird Licht. Aus Licht und Schatten sind wir gemacht. Gerechtigkeit und Barmherzigkeit. Gleichgültigkeit und Wahrheit. Dämmerung am Morgen, Aufziehen der Nacht, Wachen und Schlaf. Schmerzen und Wohlergehen. Gutes und Böses, Leichtes und Schweres. Lasten und Befreiung. Lachen und Weinen.

Gebet

Preist den Herrn für sein Erbarmen, alles, was dankbar sein kann, preist den Herrn! In großer Zuversicht und Bereitschaft wollen wir unser Leben ihm in die Hand geben, weil wir glauben und vertrauen, es wird gut werden.

Zum Schluss

Wichtig ist bei allen Fällen, die wir hier durchgearbeitet haben, das Leben nicht zu verlieren. Deswegen gilt es, hinter alle Fälle zu schauen, vor allem zu entdecken, wo es an der Liebe gefehlt hat. Denn wo die Liebe fehlt, gewinnen das Böse und das Unheil die Oberhand. Das gilt es abwägend zu entlarven. Als Reaktion darauf sollten wir das Gute wollen oder tun. Das alles sollte sehr praktisch und nicht nur theoretisch geschehen, Möglichkeiten dazu liegen vor der eigenen Haustüre! Dabei gilt immer zu beachten, dass nichts und niemand vollkommen ist. Mit entsprechender Rücksicht sind wir hier Fall für Fall vorgegangen. So wird es immer gelingen, den jeweiligen Fall in Händen zu behalten, damit er uns nicht nur Unheil und Unglück bringt. Die Gedanken dieses Buches lösen nicht alles. In jedem Fall liegt die Lösung in der Hand des Einzelnen. Das Büchlein will Mittel zur Lösung anbieten, hoffentlich zur Genüge. Falls das nicht deutlich genug geworden ist: Die Liebe löst alle Fälle, lassen wir sie in unser Haus ein!

Was nach allem kommt,
ist meistens zu spät.
Nicht hinterherhinken,
vorwärts sehen.

Miteinander berufen

Gott, es sind viele Menschen, die mich umgeben, nicht nur in der Familie, vor allem am Arbeitsplatz. Hilf mir, dass ich mich frei, besser, freundlich, ohne Vorurteil auf andere einlassen kann. Besser noch, dass ich jene, mit denen ich meine Schwierigkeiten habe, in deinem Namen segnen kann, damit sie selber zum Segen werden. Dann werde ich nicht nur auf mich bezogen sein und Freude und Licht werden in meiner Seele sein. Mein Beruf bringt es mit sich, dass ich rechnen und berechnen muss. Jetzt habe ich durch einen Menschen, dem ich nahe stehe, verstanden, dass das Berechnen keine Gewalt über mich gewinnen darf. Doch ich freue mich darüber, dass du mit mir rechnest, weil meine Hände deine Hände sind. Dann schenke mir dein Erbarmen, wenn ich im Umgang mit Anderen Fehler mache, wenn ich sie nicht annehme wie sie sind, sogar solche, die ich liebhabe. Und bitte: Für alle Fälle!

Schlusssegen

So sei jetzt gesegnet mit allem Guten, das vom Himmel kommt. Gesegnet auch mit allem Schönen, was unsere Erde zu bieten hat. Gesegnet sei mit der Kraft und der Stärke des guten Geistes Gottes, die zu dir stehen soll in allen Lebenslagen. Gesegnet mit der Zuwendung und Liebe Gottes, auch der Fülle unserer Erde, die vom Himmel genährt wird. Sei beschützt, behütet von allen Seiten wie ein Geschenk vom Himmel für dich in dieser Welt.

Der Autor

Roland Breitenbach ist Priester und war als Pfarrer viele Jahre in der Gemeinde und der Krankenhausseelsorge tätig. Er ist Autor zahlreicher Publikationen zu einer lebens- und schöpfungsfreundlichen Spiritualität. Er lebt in Schweinfurt.

Bildnachweis:
Titelbild: © shutterstock.com, J.D.S.
S. 18/19: © unsplash.com, Robert Lukeman
S. 117: © Hannes Helferich
S. 118/119: © unsplash.com, Mamun Srizon

1. Auflage 2020
Ein camino-Buch aus der

Gestaltung und Satz: Finken & Bumiller, Stuttgart
Hersteller gemäß ProdSG:
Druck und Bindung: Finidr s.r.o.,
Lípová 1965, 737 01 Ceský Těšín, Czech Republic
Verlag: Verlag Katholisches Bibelwerk GmbH,
Silberburgstraße 121, 70176 Stuttgart

www.caminobuch.de
ISBN 978-3-96157-129-1
Auch als E-Book unter ISBN 978-3-96157-964-8 erhältlich.